Ταξίδι της Ψυχής μου

Ευχαριστίες:
ευχαριστώ όλους όσους δυσκόλεψαν τη ζωή μου, γιατί χωρίς αυτούς δε θα μάθαινα τι μπορώ να πετύχω, δε θα μάθαινα να κάνω υπερβάσεις.

Κατασκευή Εξωφύλλου: Αγάπη Θεοδωρίδου – Κουνινή
Επιμ. Έκδοσης: Εκδόσεις Μέθεξις

© Copyright Εκδόσεις Μέθεξις 2015
Κεραμοπούλου 5, Θεσσαλονίκη ΤΚ 546 22
Τηλ. - Fax: 2310-278301
e-mail: info@metheksis.gr
www.metheksis.gr

ISBN: 978-960-6796-71-5

Απαγορεύεται η ολική, μερική ή περιληπτική αναδημοσίευση, αναπαραγωγή ή διασκευή του περιεχομένου του παρόντος βιβλίου με οποιονδήποτε τρόπο χωρίς γραπτή άδεια του εκδότη.

Αριθμ. Έκδοσης 81

Μανταλένα Κουνινή

Ημερολόγιο από το ταξίδι της ψυχής μου

Στους τρεις ανθρώπινους
άγγελους-οδηγούς της ζωής μου

Την Στεφανία
Την Αγάπη
Τον Μάρκελλο

Θεσσαλονίκη 2015

Αντί Προλόγου

Ξεκίνησα το ταξίδι μου μέσα στη λήθη χωρίς να ξέρω –συνειδητά τουλάχιστον – από πού έρχομαι και που πάω.

Ακολούθησα τον εσωτερικό μου μαγνήτη στη διαδρομή μου, πάντα αναζητώντας κάτι. Κάθε τόσο πιστεύω ότι κάπου φτάνω, όμως κάθε φορά μια καινούργια αναζήτηση με βάζει στη διαδικασία να ετοιμάσω και πάλι τις αποσκευές μου.

Συνεχίζω αυτό το ταξίδι ξέροντας ότι σε κάποιο σημείο της διαδρομής, θα συναντήσω τον ολόκληρο εαυτό μου... κι αυτό είναι το δώρο αυτής της πορείας...

Γεννιέμαι, ψάχνω για τη μορφή μου, ψάχνω να με βρω, να με ανακαλύψω.

Άπλωσε τα χέρια σου

Άπλωσε τα χέρια σου, κάποιος στέκεται δίπλα σου κ περιμένει να σ' αγγίξει.
Όρθωσε το παράστημά σου, ο εαυτός σου το ζητά για να σε θαυμάσει.
Άνοιξε την καρδιά σου να βγει ο ήλιος που μέσα της κρύβεις
Άνοιξε την αγκαλιά σου όλο τον κόσμο να χωρέσει.
Σκύψε κ ζήτα ταπεινά συγνώμη, όλες οι ψυχές θα ανοίξουν κ θα την δεχτούν.
Φώναζε δυνατά «σ' αγαπάω», πόσοι ποθούν να το ακούσουν.
Ευλόγησε όλα τα δύσκολα που στο διάβα σου έρχονται, είναι τα δώρα τα πολύτιμα που καρτεράς.
Νοιώσε όλα που όλοι σου προσφέρουν, είναι υπέροχο να ξέρεις να δέχεσαι, είναι μεγαλειώδες να μαθαίνεις να ευχαριστείς.
Όλα είναι μια συνέχεια, μια ακολουθία, όλα είναι το επόμενο συναίσθημα, η επόμενη λέξη, η επόμενη ανταλλαγή.

7 Ιουνίου 2009

Κοιτάω στα μάτια τους άλλους, ψάχνοντας τη δική μου αντανάκλαση.

Παράλληλα σύμπαντα

Παράλληλα σύμπαντα
Χωριστές πορείες
Σκόρπια συναισθήματα
Μάτια αντικριστά,
Φόβοι, αγωνίες, κοίταγμα στο πουθενά.

Βράχια για να ξαποστάσεις
Τα χέρια υψώνονται στον ουρανό.
Δάκρυα που πέφτουν σαν καταιγίδες
Φούσκωμα της θάλασσας από βαθιά
Κορμιά που ο πόνος τα λυγίζει κ κράζουν σαν τρελά πουλιά.

Ένα όνειρο κ μέσα σ' όλ' αυτά ένα ξύπνημα κ βρίσκεσαι στο πουθενά.
Ένας κύκλος κ μετά ένα βήμα έξω από αυτόν, το σκηνικό αλλάζει,
το ίδιο κ τα χρώματα, οι αισθήσεις, τα συναισθήματα.

Όλα αυτά βρισκόντουσαν εκεί, μα εσύ ήσουν πιστός να γυρνάς σαν κομήτης γύρω από του κύκλου την τροχιά.
Ο κύκλος δεν άλλαξε, μένει εκεί.
Εσύ άλλαξες κ βγήκες νικητής, σαν άλλος εξερευνητής βγήκες να δεις άλλους κόσμους, να γεμίσεις την ψυχή σου που την άφησες ν'

αδειάζει. Δεν φοβήθηκες, δεν παραιτήθηκες, δεν μετάνιωσες.

Για όλα αυτά ένα βραβείο σου δίνεται: ο κόσμος των καινούργιων εμπειριών. Καλώς ήρθες γενναίε εξερευνητή!

7 Ιουνίου 2009

Δάκρυα

Δάκρυα μετάλαβε η ψυχή μου κ πόνο βαθύ, λυτρωτικό.
Γεφύρι απλώθηκε για να περάσω της απόγνωσης το βαθύ γκρεμό.

Χέρια απλώθηκαν κ μ' άρπαξαν για να με βγάλουν από τη λησμονιά της χαράς κ της ευγνωμοσύνης για όλα όσα έχω καταφέρει κ όσους δρόμους έχω διαβεί.

Ψηλά τον ουρανό διέσχισε ένα περιστέρι για να μου φέρει το μήνυμα της ειρήνης στην ψυχή.

Τα μάτια σηκώθηκαν ψηλά μ' ευγνωμοσύνη σαν εντόπισαν το σύμβολο αυτό. Κ γέμισε η ψυχή γαλήνη γιατί είχε πάρει της επιστροφής το δρόμο το μακρύ.

Γέλα ψυχή μου κ ημέρεψε, δύσκολες μέρες ήταν αυτές, μα το δάκρυ πια στα μάτια στέγνωσε κ άλλο δεν κυλάει πια στη γη νωπό.
Νοιώσε τον ήλιο που σου ζέστανε της ψυχής τα ανήλιαγα μονοπάτια της τα σκοτεινά.
Νοιώσε την αγάπη που απλώθηκε κ το κορμί ζωντάνεψε όπως παλιά.
Όνειρο ήταν, ήρθε κ πέρασε κ όσα σου πρόσφερε ήταν μοναδικά κ τώρα γύρισες από

λήθαργο βαθύ ξανά στα μέρη τα αγαπημένα,
στους συνοδοιπόρους τους μοναδικά πιστούς.

Το φως σου να απλώσεις όπως πρώτα, αυτός
είναι ο δικός σου προορισμός, αυτός είναι ο
στόχος της ζωής σου,
τη θεραπεία να φέρνεις στις ψυχές, μαζί με
νεράιδες αγαπημένες να ξενυχτάς, προσφέροντας της αγάπης τη μοναδική αποδοχή, σ'
όποιον λαχταράει πια το βήμα του το επόμενο
να πορευτεί.

Αγάπησες κ ένοιωσες κ πόνεσες κ αυτό σε κάνει μοναδικά ζωντανή.
Δεν λιποτάκτησες, δεν τρόμαξες, δεν έφυγες κ
αυτό σου δίνει δύναμη αγγελική,
στα ουράνια μονοπάτια να βαδίσεις κ να χαράξεις μια ακόμα πορεία στης ζωής σου τη διαδρομή.

17 Ιουνίου 2009

Τα μύχια της ψυχής μου

Αγαλλιάζει η ψυχή στην άκρη του ορίζοντα κοιτώντας τον βυθό του ήλιου πίσω στα βουνά.

Μαγεία απλώνεται παντού κ η γη μιλά σιωπηλά στον ουρανό.

Στη ρεματιά σκορπά τη λάμψη του ένα πεφταστέρι, σκορπίζοντας της γνώσης το βαθύ κ απόλυτο φως.

Ψυχές συγκεντρωμένες περιμένουν τη δική τους αποστολή ν' αποδεχτούν.

Νεράιδες, ξωτικά κ μαγεμένοι σε δίνη μπαίνουν, σε χορό.
Ορκίζονται εκεί, ενωμένοι, τίποτα να μην αφήσουν να χαθεί.
Στα όνειρα να μπαίνουν, να τρυπώνουν, μηνύματα προσφέροντας ιερά, ακούγοντας στα μύχια της ψυχής τους αυτά που είναι αληθινά.

18 Ιουνίου 2009

Και πάλι δε με ανακαλύπτω, απλώς αρχίζω να με αντιλαμ-βάνομαι.

Όνειρα

Στων ονείρων τη βαθιά αγκαλιά πλανήθηκα
κ απόψε,
βουνοκορφές ψηλές άγγιξε η ψυχή μου κ έφτα-
σε να ενωθεί στον ουρανό.

Χαράματα οι αισθήσεις ηρέμησαν κ γύρισα
στου κορμιού μου το σπήλαιο το ασφυκτικά
γνωστό.

Για ελευθερία φωνάζω απεγνωσμένα, για απε-
λευθέρωση κ για φευγιό.

Τεντώνεται το κορμί μου κ συσπάται στων αι-
σθήσεων το δυνατό οργασμό,
μην ξεχαστεί να νοιώθει φοβάται κ έτσι διστά-
ζει κ μένει στο κενό.

Αναρωτιέται, ψάχνει κ ζητάει, κοιτάζει, τρέμει,
απορεί

Τη λύτρωση που μ' απόγνωση θυμάται, σαν
ήταν αστέρι σε μια άλλη γη μακρινή.

19 Ιουνίου 2009

Ανοίγω διαρκώς πόρτες μέσα μου, ρίχνω φως στα σκοτάδια που μέσα μου κουβαλάω, και σιγά-σιγά, μαζεύω τα κομμάτια του παζλ της εικόνας μου.

Στο θρόνο

Στο θρόνο της αρχαίας γνώσης που ταξιδεύει στο χώρο, που σιωπηλά μεταφέρεται από τον ένα στον άλλον, διασχίζοντας τους χρόνους τους παλιούς,
εκεί κάθισα κ ένοιωσα τη δύναμη της ενέργειας που διασχίζει τα σύμπαντα, που ενώνεται με ότι συναντάει στο διάβα του, σα φωτεινή χιονοστιβάδα, σα συνοθύλευμα φωτονίων, σμίξη μιας επίγνωσης παλιάς ποιότητας, χρυσή ακτίνα ψηλά συνδεδεμένη, που ενώνει γαία κ ουρανό,
στέλνοντας γνώση, μηνύματα, ενέργειες, την αλλαγή κομίζοντας,
γειώνοντας τα ουράνια θελήματα, τις θεϊκές δυνάμεις,
την ένωση γυρεύοντας των δυο, των κόσμων των αοράτων κ ορατών,
στην ανατολή του γήινου αυτού κόσμου,
στη δημιουργία του από ενέργεια αστρική,
τη θεραπεία από τη διττότητα από τη διάσταση των δύο κόσμων των καινούργιων κ παλιών, μες τους ναούς προσφέροντας θυσίες των στοιχείων προσβλέποντας στην πλήρη εναρμόνιση αυτών,
τη λύτρωση γυρεύοντας να έρθει μέσα στον απέραντο Εαυτό. Το ΕΙΜΑΙ να φωνάξει με γαλήνη, μ' αυτό να πορευτεί σαν οδηγό.

21 Ιουνίου 2009

Κάθε τόσο αναρωτιέμαι αν αυτό είμαι εγώ.

Στις άκρες των ματιών

Στις άκρες των ματιών σου κάθισε η θλίψη,
δεν πρόλαβε να γίνει δάκρυ αλμυρό,
σπίθες χρυσές κ κόκκινες πετούσαν
ζωγραφίζοντας τον αποχωρισμό.

Λέξεις που έμειναν να αιωρούνται,
ένταση, πόνος, πανικός.
Πού ήσουν καρδιά μου τότε που σε καλούσα
να ηρεμήσεις των άγριων αλόγων τον ατέλειωτο καλπασμό.

Φωτιές κ φλόγες ολόγυρα να σε τυλίγουν.
Το καρδιοχτύπι χάραζε της απόγνωσης τη μάσκα στο πρόσωπο,
μ' ένα χαμόγελο λειψό.

Για γαλήνη εκλιπαρούσες απεγνωσμένα,
μα κουράγιο δεν φαινόταν στον ορίζοντα τον σκοτεινό.

Ξημέρωσε κ ακόμα σπαρταρούσες στων σκέψεων τον ανελέητο κυματισμό.
Ξημέρωσε κ ακόμα δεν μπορούσες να χαθείς
στης γαλήνης τον ήρεμο βυθό.

Μόνο δυο λέξεις κ ανέτειλε ο ήλιος,
χαρίζοντας στη μέρα νόημα αληθινό.

Της νύχτας οι αγωνίες ξεπλύθηκαν κ έφυγαν
μακριά,
βρίσκοντας την ουσία που είχες ξεχάσει από
καιρό.

24 Ιουνίου 2009

Με ξέπλεκα μαλλιά

Με ξέπλεκα μαλλιά σε δάσος σκιερό έτρεχες παίζοντας με τον εαυτό σου τρελό κυνηγητό.

Με τα στοιχειά της φύσης να σ' ακολουθούν σ' ένα κυνήγι του εσωτερικού σου εαυτού.

Έψαχνες την εικόνα σου να βρεις, τον εαυτό σου επιτέλους πώς μοιάζει κ εσύ να δεις. Μόνο τα λόγια των άλλων να μην ακούς, μόνο τη σκιά σου να μην έχεις συντροφιά. Γύρευες να δεις κάτι πιο πέρα, πιο πάνω, πιο μέσα απ' όλ' αυτά.

Σ' αυτή την αποκάλυψη η αγωνία σε συνόδευε μα κ μια απρόσμενη βαθιά χαρά. Μέχρι της λίμνης έφτασες τα ήσυχα νερά, μα δίστασες, κρατήθηκες, φοβήθηκες, με μιας όλα να σου φανερωθούν, όλα γνωστά να γίνουν. Δεν ήξερες αν ήσουν έτοιμη μπροστά σου να βρεθείς.

Γονάτισες διστακτικά κ τα χέρια σου σηκώνοντας ψηλά επίκληση έκανες στον ουρανό, γυρεύοντας αυτό που ήθελες πολύ καιρό του εαυτού σου σύντροφος να γενείς.

Έσκυψες αργά, δείλιασες, σηκώθηκες.

Ώσπου όλου του είναι σου το θάρρος σε πλημμύρισε κ σε βυίθησε στης λίμνης τα ήρεμα νερά την ψυχή σου ν' αντικρίσεις.
Κ αυτό που τελικά αντίκρισες ήταν ένας ήλιος λαμπερός, ήσουν εσύ ο ήλιος αυτός ο φωτεινός.

28 Ιουνίου 2009

Στην εκκλησιά

Στην εκκλησιά γονατιστός μπήκες να προσκυνήσεις
και μια βαθιά συγχώρεση και λύτρωση ψυχής για να
ζητήσεις.
Την φορτισμένη σου καρδιά ήρθες να ξελαφρώσεις,
από τα βάρη του εγώ για πάντα να τη σώσεις.

Γονάτισες και ταπεινά ζήτησες απ' τους αγγέλους
να' ναι παρόντες τις στιγμές του άπειρου ελέους,
να στέκονται αντίκρυ σου όταν θα κοινωνήσεις
κι όταν της πίκρας τον καημό για πάντα θα αφήσεις.

Στέκονταν όλοι μάρτυρες, στα μάτια σε κοιτούσαν
Σε ψίθυρο μια προσευχή για σένα όλοι υμνούσαν.

Μαζί τους ένα ένοιωσες, με όλα ένα γινήκες.
Μ' ευγνωμοσύνη ψέλλισες αγάπης χίλια λόγια
που' χες καιρό να εξομολογηθείς, μα ακούγονταν αιώνια.

Φως πάλευκο σε έλουσε,
στην αποδοχή σε αφιέρωσε,
νέκταρ ψυχής μετάλαβες,
την Ένωσή σου κέρδισες και το ανώτερο κομμάτι
σου απελευθέρωσες.

1 Ιουλίου 2009

Κάθε τόσο θέλω κάτι ν' αλλάξω. Και μετά από λίγο, νιώθω να μη χωράω μέσα μου, νιώθω κάτι να αλλάζει, να μετασχηματίζεται.

Στη λάβα

Στη λάβα έπεσε η ψυχή μου, παλεύοντας με
της καρδιάς τα πάθη.
Είδε τα πάντα να εξαϋλώνονται, πάλεψε κάτι
να κρατήσει ακέραιο κ αλώβητο.

Σε δευτερόλεπτα μπροστά της όλη η ζωή της
άρχισε να προβάλλεται,
κάθετι μικρό κ ανούσιο να φανερώνεται.

Με μια διαύγεια ασύλληπτη ν' αντιλαμβάνεται
πώς γένηκαν όλα κ γιατί.
Όλα σ' ένα φως διάχυτο να λούζονται, της νό-
ησης γυρεύοντας τη λογική.

Άρχισαν τα κομμάτια όλα να ενώνονται, μήνυ-
μα στέλνοντας αποκαλυπτικό.
Μορφές αγγέλων με μιας παρουσιάστηκαν,
απλώνοντας το χέρι στο ταξίδι προς της Εστί-
ας τον οίκο το γιορτινό.

Πέταξε η ψυχή κ ανάλαφρα ενώθηκε στου σύ-
μπαντος το άπειρο.
Πέταξε η ψυχή κ τρελά γιόρτασε της επιστρο-
φής την ένωση με το Θεό.

3 Ιουλίου 2009

Κάτι, καινούργιο μέσα μου φαίνεται να κυοφορείται.

Αέρας φύσηξε

Αέρας φύσηξε κ πήρε τα όνειρά μου,
τα τίναξε τα πέταξε μακριά,
κραυγές που ξέφυγαν μεσ' απ' τα σωθικά μου,
που δήλωναν τι έκρυβα από παλιά.

Σαν το χαρτί που ανάλαφρα το παίρνει,
σαν το πουλί που ζύγι βάζει στα φτερά,
έτσι κ εγώ αφέθηκα κ πέταξα μακριά,
αβίαστα μα τόσο φοβισμένα,
για να ξεφύγω από την τόση μοναξιά,
για να ελαφρώσει η καρδιά μου από την πτήση
που μ' άλλο τρόπο είχα ονειρευτεί παλιά.

Το ξάφνιασμα, η πάλη, η αγωνία
προσπάθησαν να φύγουν μακριά.
Μα μέσα στην ψυχή μου η απουσία από κάθε,
ίχνος λογικής, καταλυτικό.

Στην πτήση την ψηλή, ατένισα μακριά στο παρελθόν.
Μα η στιγμή ήταν στο τώρα παγωμένη,
ζητώντας μια διέξοδο για λυτρωμό.

Δεν ήξερα, δεν μπόραγα, δεν τολμούσα
το πέταγμα το τόσο ξέφρενο.
Μα υπέμεινα κ είπα το ποθούσα,
κι έτσι αφέθηκα στο λαβύρινθο του πετάγματος
να μπω.

28

Δεν ήξερα πώς όλο αυτό θα καταλήξει,
μα ήταν της ψυχής το αδιέξοδο
που κάπως λαχταρούσε να ξεφύγει,
σε δρόμο πια να μπει κανονικό.

Υπέφερε η ψυχή μου λίγο ακόμα,
μα απόφαση ξεπήδησε δυναμική.
Τώρα πια ήξερε τον δρόμο που ζητούσε πώς
να' βρει μέσα στης καρδιάς τον πανικό.

12 Ιουλίου 2009

Αγκάθια της ψυχής

Αγκάθι στην ψυχή μου η αγωνία, ο φόβος, ο
θυμός, ο εγωισμός.
Σφίγγουν της πύλες της καρδιάς μ' απελπισία,
κι αμέσως έρχεται ο σπαραγμός.

Φέρνουν αποκοπή κ με τρομάζουν για το κομμάτι που είναι γήινος ο εαυτός
και την αποδοχή που χρόνια δεν αφήνουν να
έρθει, μαζί μ' αυτή κι ο λυτρωμός.

Στα ουράνια θέλω μόνο να πετάω,
με τους αγγέλους, το Θεό να κοινωνώ,
αυτό το μέρος μόνο θέλω κι αγαπάω κ τίποτα
στης γης τον τόπο αυτό.

Μεσ' το χρυσό το φως να πλέει η ψυχή μου,
μεσ' της αγάπης το ζεστό το ιερό.
Μόνο εκεί ονειρεύεται όλη η ύπαρξή μου,
να βρίσκεται σ' ένα άπειρο συναισθηματικό.

Εκεί που όλα υπάρχουν μέσα σ' αρμονία,
Εκεί που τίποτα δεν είναι περιττό,
Εκεί που όλα μοιράζονται της ένωσης το απόλυτο άπειρο.

Όλα τα άλλα μου μοιάζουν παρωδία,
Όλα τα άλλα είναι το κενό, μεσ' το οποίο η
ύπαρξή μου ασφυκτιάει,
ψάχνοντας του Ουράνιου Θεού μου τον παλμό.

2 Αυγούστου 2009

Αναρωτιέμαι αν είμαι εγώ, είμαι ακόμα εγώ;

Καβείρια

Σε χώρα μυστική και μαγεμένη,
μες απ' τα όνειρά μου βρέθηκα θαρρώ,
στη χώρα των Καβείρων την απαγορευμένη,
μάχες, μυστήρια να παρακολουθώ.

Στο βράχο τους ψηλά στεκόμουν,
όσα γινόταν στο ποτέ να παρακολουθώ.

Για μια στιγμή τα πάντα ένα έγιναν
κι εγώ ιέρεια μια πομπή ν' ακολουθώ.

Τα μανιασμένα κύματα με λύσσα να χτυπάνε
στου Φιλοκτήτη τη βαθιά σπηλιά,
υπόκωφα θαρρείς να τραγουδάνε στων μαρ-
τυρίων τις μυήσεις των θνητών,
κι από ψηλά οι Θεοί να τους κοιτάνε,
να διαπιστώσουν αν κάτι έχουν θεϊκό,
αλλιώς στο θάνατο ευθύς να πάνε
να εξασφαλίσουν με σιωπή το μυστικό,
αυτό που χρόνια και αιώνες πια φυλάνε,
μην τύχει κι έξω από αυτούς βρεθεί,
γιατί την πύλη τους γερά κρατάνε
από κάθε ανεπιθύμητο και γήινο.

Τα όνειρά μου εκεί με ταξιδέψαν,
μα νοιώθω πια κομμάτι τους κι εγώ,
τόσα να δω κ τόσα πολλά να νοιώσω,
στο τώρα, στο ποτέ, στο παρελθόν.

2 Αυγούστου 2009

Πώς, όμως, μπορώ να ξέρω αν δε με έχω ακόμα συναντήσει;

Κώμη

Διαβάζοντας το χάρτη των ονείρων, για νύχτες
άγρυπνη έμεινα,
γυρεύοντας να νοιώσω, να εντοπίσω,
τι στο συνειδητό μου έφερνε.

Στης Κώμης την τεράστια απουσία,
απ' των ονείρων τα σοκάκια έφτασα
και σίμωσα αργά, με δυσπιστία,
που άραγε στ' αλήθεια βρέθηκα;

Τι σήμαιναν τα άγονα εδάφη; Τα σπίτια τα ερ-
μητικά κλειστά;
Πού μ' οδηγούσε των αιώνων μου η ιστορία
και τι να θυμηθώ μου ζήταγε;

Σ' ένα μικρό και έρημο ξωκκλήσι, βυθισμένο
μέσα σ' ατέλειωτες σιωπές,
φέρνοντας δέος και ευλάβεια στην καρδιά μου,
του νου μου την αντάρα ημέρεψε.

Ξεκλείδωσα και μπήκα ακροπατώντας,
μη σπάσω τη γαλήνια σιωπή,
να βυθιστώ κι εγώ στην ιστορία,
ν' ανακαλύψω τα ίχνη τα σβηστά.

Γονάτισα και φίλησα την εικόνα μοσχοβολιά
παντού που σκόρπαγε.

34

Ποια να 'μαι αναρωτήθηκα και βγήκα
μεσ' το λαβύρινθο των ατέλειωτων κενών.
Τι σχέση έχω εγώ και γιατί με σκέψεις παλεύω
για να βρω.

Αφέθηκα να νοιώσω, να ακούσω.
Στο Ανώτερο θέλησα να στραφώ,
Μα απάντηση ακόμα δεν έχει έρθει,
αφήνοντάς με ακόμα να απορώ.

4 Αυγούστου 2009

Νιότη

Φτερά στο είναι σου κ στην ψυχή σου έβαλες
για να πετάξεις, για να φύγεις μακριά.
Ζήτησε η καρδιά σου κ εσύ ξεπέρασες όλα τα
εμπόδια, μικρά, νοητικά.

Σαν ταξιδιάρικο πουλί απ' τη φωλιά δραπέτευσες
σ' ορίζοντες άλλους να βρεθείς θέλησες.

Τι θα συμβεί, τι θα γενεί δεν υπολόγισες με
τόση αντάρα στης καρδιάς σου τον παλμό.

Άγγελοι με τα φτερά σε σκέπαζαν,
τίποτα να μην έρθει στην πορεία σου απρόσμενα κακό.
Μα από της νιότης τη βιασύνη,
Σε ξέφρενο πετούσες ρυθμό.
Πιστά, μ' αγάπη σ' ακολούθησαν,
στον ίσκιο σου βρίσκονταν από καιρό,
να μην τους δεις κ φόβο στην ψυχή σου
φέρουνε,
γιατί είναι άπιστη κ ψάχνει για ένα σημάδι
φανερό.

Στου έρωτα την αγκαλιά γλυκά σ' απίθωσαν,
με περισσή λατρεία μα και θαυμασμό
που τα φτερά σου ορθάνοιχτα τα άνοιξες,
σε άγνωστο για σένα προορισμό.

36

Δάκρυα λατρείας από τα μάτια του κύλησαν,
γιατί είχες πίστη κι αγάπη για οδηγό.
Κρυφά κ μυστικά για πάντα σε κοινώνησαν,
για να'χεις πέπλο προστασίας
στης ζωής τον πηγαιμό.

2 Αυγούστου 2009

Πύλες

Μες τον καθρέφτη της ψυχής, στις πύλες του
Εαυτού μου,
μακρύ ταξίδι έκανα γυρεύοντας να βρω σημά-
δια ανεξίτηλα που μάζεψε η Ύπαρξή μου,
απ' των αιώνων την ανεύρετη πορεία που,
θαρρώ κάθε που στο σώμα μου φυσιόταν η
ανάσα,
συνέλεγα αδιάκοπα βιώματα που θα με έφερ-
ναν στου παρόντος το αέναο παρελθόν.

Ταξίδεψα σε όρια κ γνώρισα τα σύνορα σε
κάθε σώμα υλικό που επέλεγα να ζω,
«οχήματα» αλλάζοντας κ βρίσκοντας αυτό
που ήτανε κατάλληλο για να εξελιχθώ.

Διήνυσα ζωές ολόκληρες παίρνοντας εμπειρίες,
πετώντας από πάνω μου βάρη ένα σωρό.
Και κάθε που ξαλάφρωνα κι έφτανα στην
ψυχή μου,
δρόμο ανόδου έκανα στον άπειρο ουρανό.

Κι εκεί μόνο θυμόμουνα τι στη ζωή θα κάνω κι
όρκο πάλι έδινα πως δεν θα ξεχαστώ.
Μα κάθε που γεννιόμουνα κ φώναζε η ζωή
μου, στης αμνησίας το κενό βουτούσα πάλι εγώ.

Υπήρχαν στιγμές που ξύπναγα και ένοιωθα
πως κάτι άλλο μου θύμιζε αυτό το σκηνικό.

Και τότε αναθάρρευα κ ένοιωθα πως πλησίαζα
της ζωής μου ετούτης το σκοπό.

Ζήταγα, παρακάλαγα κι ακόμα αυτό ζητάω,
ξανά να βρω, να θυμηθώ του όρκου μου του
σιωπηλού το μυστικό κωδικό,
μήπως και τώρα πραγματώσω το σκοπό μου
κι ήρεμα μετά ν' αναληφθώ.

18 Αυγούστου 2009

Διαδρομές

Στην άβυσσο των μύριων οριζόντων,
των χίλιων πολλαπλών επιλογών,
άγγελοι κλήθηκαν να έρθουν
και της πορείας τη διαδρομή να μοιραστούν.

Τρεις ήταν και πολλοί στο κατόπι ακολουθού-
σαν,
να βρουν το δρόμο αυτό το φωτεινό,
γυρεύοντας, ρωτώντας, γεμάτοι όλοι δισταγμό,
μα πίστη έχοντας γεμίσει το είναι τους το ανε-
ξερεύνητο.

Δεν ήξεραν ξεκάθαρα για πού κινούσαν,
βασίζονταν σε κάτι ιερό.
Στο φάρο πού όλοι μέσα κουβαλούσαν
σαν ξεκινούσανε τούτο τον πηγαιμό.

Είχαν μαζί την ίδια επιθυμία, που απλόχερα
την μοίραζαν κι αλλού,
ν' ανακαλύψουνε που κατοικεί η ευδαιμονία
σαν συναντάς του Εαυτού σου τον αληθινό Εαυτό.

Σε κάθε βήμα τους κι άλλοι ακολουθούσαν,
λόγια ακούγοντας μες τη σιωπή,
εικόνες, συναισθήματα, ψιθύρους,
και κάθε τόσο ένα φως μοναδικό.
Χρυσό, λευκό που φώτιζε τα πάντα,
που γλύκαινε όσους πίστευαν πως είναι αληθινό,

μα τύφλωνε όσους δεν πίστευαν πώς είναι κάτι Θεϊκό.

Δρόμος μακρύς γεμάτος μ' αγωνίες, πισωγυρίσματα πολλά κι ανήφορους,
δρόμος τραχύς μα κάθε τόσο και μια ευθεία,
για όσους κέρδιζαν ετούτο το προνόμιο.

Και κάποτε στο τέλος νοιώσαν πως βρεθήκαν,
όλοι οι άγγελοι, μαζί και οι τρεις,
στο τέλος που μαζί κι αρχή γινόταν, και συναντούσες τον Ανώτερό σου Εαυτό.

Τίποτα εκεί δεν ακουγόταν.
Τίποτα δεν ένοιωθε κανείς,
μόνο βαθιά, γλυκιά κι ατέλειωτη γαλήνη,
σα να βουτούσες σ' ένα οικείο μα και γνώριμο κενό.

Σα ξαφνικά τώρα που ανταμώσανε,
ο ένας μες τον άλλο να εισχώρησε βαθιά,
και τούτη η υπέροχη αρμονία να ξεχείλισε από της θείας ένωσης τα σωθικά.

26 Αυγούστου 2009

Πάθη του μυαλού

Πληγές μες το κορμί μου οι αντάρες και του
μυαλού το απύθμενο κενό.
Αβάσταχτη η μοναξιά μες την καρδιά μου, σα
νοιώθω πως καιρό σε λαχταρώ.

Κρατάω στα χείλη μου τις λέξεις που ξεχειλί-
ζουνε σα χείμαρρος,
κρατάω και στο μυαλό τις σκέψεις μη τύχει και
φανερωθώ,
γιατί σε ποιόν και πώς δεν ξέρω,
νοιώθω πως θέλω να προστατευτώ,
να υψώσω τείχη, να φορέσω πανοπλία,
γιατί στ' αλήθεια σε ποθώ.

Κι αν τύχει κι όλ' αυτά τα φανερώσω,
κι αν τύχει και για λίγο αφεθώ,
τη γύμνια της ψυχής σαν αντικρύσω
και μπρος τα μάτια σου φανερωθώ,
το βήμα το μετά πώς θα βαδίσω,
το κοίταγμα εκείνο πώς θα δω
που τη σιωπή σου τώρα θ' αντικρύσω
σαν στης αγάπης βυθιστώ την άβυσσο.

Μα σκέψεις είναι όλ' αυτά του νου μου
και στην καρδιά δεν δίνω τον παλμό για να
χτυπήσει
και να νοιώσω τη λαλιά μου να μου' ρχεται
ξανά σαν πριν καιρό
που λύτρωνα έτσι τα σωθικά μου και στης χα-
ράς ζούσα τον πηγαιμό.

5 Σεπτεμβρίου 2009

Συναντάω, κάθε τόσο, κομμάτια που με διαβεβαιώνουν πως είμαι εγώ.

Συνειδητοποιήσεις

Μες την απέραντη γλυκιά μελαγχολία, του
φθινοπώρου το ταξίδι αρχινά,
με χρώματα γλυκά και φαντασία,
σαν το ζευγάτη που το χωράφι του να οργώνει
ξεκινά και της γης τους θησαυρούς να φέρνει
στ' ουρανού το φως κ στου αγέρα την μοναδική
αγκαλιά.

Τους θησαυρούς που μες της καρδιάς τα βάθη,
δουλεύονταν μέχρι ν' αναστηθούν.
Σαν μια καρδιά, σαν ένα «είναι» που άγνωστα
κομμάτια μέσα κουβαλάνε και καρτερούν χωρίς βιάση να βγουν, για να μπορούν γλυκά να
ενσωματώσουνε τη γνώση που μαζί τους κουβαλούν.

Κομμάτια άγνωστα, σκοτεινά, πίσω από σκιές
βαθιά κρυμμένα.
Κομμάτια αλληλένδετα με φόβους και καημούς,
μοναδικά κ σπάνια σμιλεμένα που κάποτε στο
φως μ' ορμή περίσσια ξεπηδούν,
κι αλλάζουν κι ανατρέπουν και μπολιάζουν όλο
το σύστημα μ' αυτό που χρόνια κι αιώνες πολεμούν,
στην επιφάνεια τα φέρνουν κι ανατρέπουν
μιας ολόκληρης ζωής το σκηνικό.

Σα ρεύμα που μες το κορμί εισβάλλει,
Σα λάμψη που το φως από το πουθενά στα μάτια σου πετά.
Συνειδητοποίηση το λένε μα ξαφνικά γεννιέται γι' αυτό και σε τρομάζει,
αφού της ζωής σου νοιώθεις πως θες ν' αλλάξεις την τροχιά.

16 Σεπτεμβρίου 2009

Ευχαριστώ

Ήρθε η βασιλεία Σου κ κατέλυσε τα πάντα
και στο νου μου διέλυσε τα γνώριμα, τα δεδομένα, τα κοινά.

Σαν καταλύτης ήρθε κι έλυσε
και της καρδιάς μου τα κομμάτια ανέλυσε σε
μύρια άγνωστα, μοναδικά.

Το φως Σου το σκοτάδι σκόρπισε και της ψυχής τα βάθη φώτισε,
βοήθησε τα άγνωστα να νοιώσω και να δω.

Το Εγώ δυναμικά συνέθλιψε,
Το Εμείς συνέθεσε και ένωσε τα βήματά που στο εξής θα πορευτώ.

Με γιάτρεψε, με ανακούφισε, με ένοιωσε.
Γλυκά και ήπια με παρέδωσε στης Θεϊκής γαλήνης τον ήρεμο ποταμό.

Πιστά μ' αγάπη με συντρόφεψε
τα λάθη μου με κατανόηση καλωσόρισε
κι έτσι ένα γίνηκα με τον λυτρωμό.

Μέσα στο φως Σου τον Εαυτό μου γνώρισα
και μες τη λάμψη Σου όλα μου τα συγχώρησα,
για να μπορώ και όλων, όλα να τα συγχωρώ.

Σε μια άλλη διάσταση κι επίπεδο περπάτησα,
Ευένα που ποθώ συνάντησα
μες της αιώνιας ζωής μου το μονοπάτι το ανοιχτό.
Που Σε συνάντησα εγώ Σ' ευχαριστώ.

23 Σεπτεμβρίου, 2009

Χάος

Μαχαίρια στο λαιμό οι αγωνίες,
οι λέξεις που μετέωρες σιωπούν.
Αγκάθια στην καρδιά οι απελπισίες,
πώς να περάσεις στον επόμενο σταθμό.

Ολα μαζί κουβάρια πια μπλεγμένα,
μιαν άκρη όσο κι αν προσπαθήσω πώς να βρω,
στο τώρα στο εδώ να ξετυλίξω κ να μπορέσω
ν' απαλλαγώ.

Τώρα μονάχα θέλω να σιγήσω, να πενθήσω κ
στο μετά μεμιάς να μεταβώ.
Θέλει το χρόνο η καρδιά μου να ηρεμήσει.
Θέλει το χρόνο του ο νους να συμφιλιωθεί,
μ' όσα τόσο καιρό αντικρουόμενα παλεύουν,
την πλάστιγγα να γείρουν στο κομμάτι το πιο
δυνατό.

Κομμάτια ένα-ένα που γυρεύουν στη θέση
τους και πάλι να βρεθούν,
το παζλ να ενώσουν επιτέλους και την εικόνα
τους που λαχταρούν να δουν.

Μα είναι το μετά που τώρα δεν ορίζω, είναι το
τώρα που με φόβο το κοιτώ.
Δεν ξέρω τι κι όμως αποφασίζω.
Δεν ξέρω πώς κι όμως θα πορευτώ.
Σ' έν' άλλο άγνωστο για μένα μονοπάτι

που και σ' αυτό κομμάτια μου θα βρω.
Και την καρδιά μου τότε θα ηρεμήσω κι από το
χάος που δημιούργησα θα βγω.

28 Σεπτεμβρίου 2009

Ερωτηματικά

Σημάδια στο κορμί η απουσία αφήνει,
θρύψαλα στο στόμα γίνεται το σ' αγαπώ.
Πώς να χωρέσει των αισθήσεων η λάμψη
σε χρώματα δεμένα με κορδέλες που πετούν
στον ουρανό;

Σαν όλα ξαφνικά να ξεψυχάνε,
σαν όλα να γεννιούνται απ' την αρχή.
Μια νέα αρχή να σηματοδοτούνε,
νέες πορείες να χαράζουνε στου χρόνου το κενό.

Να ξαποστάσω θέλησα σε μι' άκρη,
μα κι άλλο δρόμο είχα μπρος μου να διαβώ,
και να ξεφύγω με μανία προσπαθούσα
απ' των σωθικών μου τον ανήμερο καημό.

Πώς γίνεται έτσι ξαφνικά και όλ' αλλάζουν,
και σε μια νέα ρότα πρέπει να προσαρμοστώ;
Πώς το μπορώ, το θέλω να ταιριάξουν
Και ν' αφεθώ στης γαλήνης τον ήρεμο ποταμό;

Πώς γίνεται της ψυχής το φως να συνταιριάξω
με το σκοτάδι που απλώνεται και απλώνει το κενό;
Πώς να μπορέσω στο μηδέν του νου να φτάσω,
να ξεφορτώσω τα βαριά φορτία μου και να ξεκουραστώ;

29 Σεπτεμβρίου 2009

Ομως, μετά από λίγο και κάτι ακόμα ξεπηδάει που είναι κι αυτό μέρος μου.

Της ψυχής αντάρες

Στου χρόνου την τρελή ανεμοζάλη,
στου χρόνου το απόλυτο κενό,
για μαγικά ταξίδια κίνησα και πάλι,
να βλέπω, να θυμάμαι και ν' αναπολώ.

Χωρίς τον εαυτό μου να μπορώ ν' αναγνωρίσω
στις άπειρες μέχρι τώρα διαδρομές,
πώς διάλεγα με δίλημμα τους δρόμους
και τις πορείες στης ζωής τους χάρτες.
Κεφάλαια άνοιγα διαρκώς καινούργια
με βήματα άλλοτε δειλά κι άλλοτε γοργά
σε νέους ορίζοντες απλώνοντας τη νέα μου ματιά.

Περπάτησα και πίσω δεν γυρνούσα
τι άφησα, πού βρίσκομαι να δω,
να σώσω την ψυχή και το είναι μου ζητούσα
απ' τις σκιές που μέσα κουβαλώ.

Μες από τούνελ θλίψης, μες από φως χαράς.
Μες από κάθαρση κ ξαναγέννημα,
θαρρώ πώς έφτασα εδώ.
Κι όταν τα μάτια αφήσω να πετάξουν,
στο πριν, στο τώρα, στο μετά,
νιώθω πώς άλλη ήμουν όταν ξεκινούσα
στης ψυχής μου τον αέναο ξενιτεμό.
Άλλη από άλλη μέσα ξεπηδούσα
Κι από πού αρχίνησα είν' δύσκολο να θυμηθώ.

52

Τα βήματά μου εδώ με φέρνουν
κι απιθώνουν μπροστά μου της γνώσης μου το θησαυρό.
Μα πάλι η ψυχή μου βρίσκεται σε αντάρα,
κάπου αλλού νοιώθω πως θέλω ν' απλωθώ.
Να πάρω γνώση και ν' αφήσω πόνους,
να διώξω βάρη που με πείσμα με κρατούν.
Να ξελαφρώσω και μ' αγάπη πιο μεγάλη,
ψηλά σαν ανεμόπτερο να αιωρηθώ.

Να μπω σ' ουράνιες αγκαλιές και σε δονήσεις,
να γίνω ένα πάλι με το φως,
της σκοτεινιάς να διώξω πια τη θλίψη,
γιατί δεν είναι ο πυρήνας μου αυτός.

Έχω αγάπη, θέληση, κουράγιο,
έχω και δύναμη και γνώση και φωτιά,
κι είμ' έτοιμη ευθύς να τα ελευθερώσω,
σα νοιώσω ασφάλεια στην ουράνια αγκαλιά.

Ελάτε, Ουρανοί, μέσα μου μπείτε!
Ένα με μένα γίνετε, εκλιπαρώ,
Σε κάθε κύτταρο μ' αγάπη ενωθείτε.
Αχ! Πόσο λαχταρώ να σας παραδοθώ...

29 Σεπτεμβρίου 2009

Νους και καρδιά, η ατέλειωτη πάλη

Κι άλλες φορές στις ίδιες διαδρομές έχω υπάρξει,
τους ίδιους πάλι ορίζοντες να παρακολουθώ.
Μες του μυαλού την ξέφρενη ανεμοζάλη,
να προσπαθώ το συναίσθημα να βάλω για οδηγό.

Δεν ξέρω ξαφνικά πώς έκρηξη συμβαίνει
κι όλο το νου αίφνης πυροδοτεί,
το μεγεθύνει, το φουσκώνει, το ντροπιάζει,
κ στην καρδιά δεν υπακούει η λογική.

Σαν ακυβέρνητο μικρό καράβι,
σαν μια σχεδία που δεν είναι πια γερή.
Έτσι κι εγώ μες του μυαλού την αναρχία,
να επιζήσω από βέβαιο πνιγμό,
μέσα στις σκέψεις, στα «γιατί» μου κ τα θέλω,
στα «δεν μπορώ», δεν βλέπω, τώρα πού θα οδηγηθώ;

Και μ' όλ' αυτά σα ναυαγός γυρεύω έναν ορίζοντα καθάριο, ήρεμο.
Μα όσο προσπαθώ, όσο παλεύω,
τα κύματα του νου μου να δαμάσω ακόμα δεν μπορώ.
Κάθε τόσο σε τρικυμία να με ρίχνω
το ίδιο ν' αντιμετωπίσω κι από νέο πνιγμό να παλεύω να σωθώ.

Περίσσιο είναι το θάρρος στην καρδιά μου,

μα αντιστέκεται κι η σκέψη μου με σθένος δυνατό.
Τους φόβους κ τα ερωτηματικά να βγάλει στην επιφάνεια από ένα βάθος σκοτεινό.
Τι κάνω; Τι γυρεύω; Τι απ' την ζωή ζητάω; Γιατί σκοντάφτω στον ίδιο σκόπελο;
Πες μου καρδιά μου, πες ψυχή μου πώς θα καταφέρω,
να βγω από την άβυσσο των σκέψεων και ν' αποδεσμευτώ;

8 Οκτωβρίου 2009

Η σκλαβιά της νόησης

Της νόησης η μεγάλη απιστία, αποδείξεις ολοένα πιο πολλές ζητά,
ν' αντιληφθεί θέλει που βρίσκεται η μεγαλοσύνη,
και καρτερά με κανάλια μαγικά να συνδεθεί,
για να βιώσει, να γνωρίσει, να πιστέψει,
όσα παλεύει ν' αντικρούσει με μανία κάθε της φορά.

Μες το σκοτάδι της ακύρωσης, το φως μοιάζει ν' αργοπεθαίνει.
Μες το σκοτάδι της απόλυτης ευαισθησίας,
κλείνουν τα μάτια, τα αυτιά μα κι η καρδιά.
Απ' τη συσκότιση ν' απελευθερωθούν γυρεύουν,
να νοιώσουν, να ακούσουν και να δουν
και χειροπόδαρα δεμένα ακόμα δεν παύουν ν'
αντιβαίνουν στου σκότους την απόλυτη φραγή.

Μέρες και νύχτες πάλης με του μυαλού τη δυναστεία,
μηνύματα πασχίζουν να εκφραστούν,
μια αχτίδα από τούτο το χρυσό το φως να στείλουν
ώσπου του νου οι διάδρομοι να φωτιστούν.

Άπλετο φως να μπει και να φωτίσει.
Φως χρυσαφένιο για σινιάλο στης ενθύμησης τη διαδρομή,

τις αντιστάσεις μ' επιτυχία να διαλύσει κι όλοι οι δέσμιοι ν' απελευθερωθούν.

Να πάρουν πια το σκήπτρο και στην εξουσία του Είναι τώρα αυτοί ν' ανέβουν,
να φέρουν μέρες φωτεινές, ελπιδοφόρες, εξελικτικές
κι απ' τη σκλαβιά του νου να καταφέρουν επιτέλους ν' απομακρυνθούν.

12 Οκτωβρίου 2009

Χρόνος

Σ' ένα ρολόι χάθηκα τους δείχτες του μετρώντας,
το χρόνο πως τον μέτραγαν κι αμέσως προ-
σπερνούσαν,
στο επόμενο και στο μετά με βιάση προχωρούσαν.

Το τώρα εδώ ανύπαρκτο, το πριν πίσω αφημένο,
το επόμενο και το μετά γι' αυτούς μόνο με-
τρούσε,
η άμεση μετάβαση όλα τα κυνηγούσε,
σε μια πραγματικότητα που ψέμα όμως ήταν,
μονάχα μια ψευδαίσθηση όπως όλες οι άλλες,
που το μυαλό όταν μπλεχτεί θα σε παραφρονήσει,
σ' άλλα πάντα πιστεύοντας, αλλού πάντα κοιτώντας
και στο μηδέν του πουθενά γοργά κατρακυλώντας.

Τίποτ' απ' όσα εδώ μπροστά στα μάτια μου
προβάλλουν,
τίποτα πια δεν το μπορώ να πω αλήθεια είναι.
Μα κι απ' την άλλη τι μπορώ στ' αλήθεια να
πιστέψω,
Πού να πιαστώ, να κρατηθώ, πώς το άφαντο
κενό να γίνει να με πείσει;

Για όλα όσα κρύβονται μες του άπειρου το πέπλο,
πώς ξαφνικά να εμπιστευτώ, τα αυτιά να μην
ακούω,
μα κάτι πέρα από αυτό βαθιά να μου μιλάει,
κουβέντες πάντα λέγοντας που είναι η αλήθεια

κι απ' την πηγή μου ξεκινούν για να' ρθουν
στην ψυχή μου.

Πώς να μπορέσω να κοιτώ με σφραγιστά τα
μάτια
και τούτη την ανημποριά να κάνω δύναμή μου;
Δύσκολα τα πατήματα σ' άγνωστα μονοπάτια,
που ενώ τόσο τρελά ποθώ, μακριά τους πάντα
φεύγω,
για να βαδίσω στο κενό και στην ψευδαίσθησή
μου.

15 Οκτωβρίου 2009

Το κουκούλι του φωτός

Μες το κουκούλι του φωτός, μες τη ζεστή
αγκαλιά Σου,
στον ύπνο μου γαλήνεψα,
ακούγοντας στ' αυτιά να μου μιλάν τα λόγια
τα δικά Σου.

Γλυκά, αργά και τρυφερά, μαλώματα μου
μοιάζαν πατρικά,
πώς στον Εαυτό μου δεν μπορώ ακόμα να πιστέψω
κι απ' τις παγίδες του εγώ να βγω να δραπετεύσω.

Τα μάτια Σου ήταν το Φως, το Φως και στην
καρδιά Σου,
καθώς μιλούσες έβγαζαν χρυσό τα σωθικά Σου,
για να μου δείξεις και σε με εικόνα του Εαυτού μου,
μια και οι καθρέφτες που κοιτώ, αλλοιώνουν
τη μορφή μου.

Δείχνουν κομμάτια μου σαθρά,
τον πόνο μεγεθύνουν,
δείχνουν την πίστη ανύπαρκτη
και την καρδιά κομμάτια.
Εμένανε ανήμπορη χωρίς ισορροπίες,
και τον πυρήνα μου βαθιά, ερμητικά κλεισμένο.

Μες απ' τα μάτια Σου μπορώ ξανά να μ' αντικρύσω
και με αγάπη τρυφερή να με παρηγορήσω.

Ν' αποδεχτώ τα μέρη μου που' χω καταδικάσει
κι όλο σκληρά με τιμωρώ που δεν τα' χω ξεπεράσει.
Ν' αγκαλιάσω ακόμα κι αυτά που τόσο με παιδεύουν,
και ταπεινά μα σταθερά τον οίκτο μου γυρεύουν.
Γυρεύουν την αποδοχή, γυρεύουν μιαν αγκάλη,

Συγχωρώντας να συγχωρηθώ και πάλι να κινήσω
για την πορεία προς το Φως, για ν' ανταμώσω
Εσένα
και στην Πηγή να ενωθώ, να γίνω πάλι Ένα.

22 Οκτωβρίου 2009

Κορμί στα δύο

Σε δανεικό κορμί παλεύω να ζήσω τη ζωή μου.
Ασφυκτιώ και προσπαθώ τα όρια ν' αλλάξω,
να διευρύνω,
το υλικό κομμάτι από πάνω μου να πετάξω,
ν' απογειωθώ ψηλά πάλι σ' Εσέ να εκτοξευτώ,
να συναντήσω το άπειρό μου μεγαλείο,
να διευρυνθώ και μες' το σύμπαν ν' ανατείλω,
να πάψω του κορμιού μου τα όρια να πολεμώ.

Με υπέρβαση από τη γη τούτη να ξεκολλήσω,
το νου μου σα λαμπάδα να φωτίσω
και την καρδιά καντήλι αναμμένο σε διάρκεια
να κρατώ.

Τις πέντε αισθήσεις κάποτε στη μια να συνενώσω,
από τα μάτια το δάκρυ της μοναξιάς μου να
στεγνώσω,
σ' ένα χορό χαράς να αφεθώ και να τελειώσω,
με μιας στα κύτταρά μου όλα να τα αφομοιώσω,
τη γνώση την αρχέγονη ξανά να αποκτήσω
και στο μηδέν της ύλης να μην ξαναβρεθώ.

Τον πόνο πως εδώ στο τώρα δεν χωράω,
στο πάντα, στο παντού, στο διηνεκές να τριγυρνάω,
με τις ψυχές που λαμπυρίζουν να πετώ
στην ένωση, που λιώνω σα σκεφτώ,

στην αγκαλιά, στο σύμπαν που ποθώ κι εκεί ν'
απελευθερωθώ.

Την αγωνία του κορμιού δεν την αντέχω,
που μπορώ να κοιτάζω μόνο όσα βλέπω,
και που δεν έμαθα ακόμα να αφουγκράζομαι
και μόνο ν' ακούω σ' αυτό το σώμα δεν το μπορώ.

Πόσο ν' αντέξω, πόσα να δεχτώ;
Αφύσικο μου φαίνεται όλο αυτό,
έξω από μένα, έξω από της γης το μεγαλείο,
σ' ένα κορμί να ζω σα να' μαι δύο.

4 Νοεμβρίου, 2009

Λεηλασία

Με συναισθήματα και τύψεις,
με λογική κι αποκαλύψεις,
με πόνους, αγωνίες κάποτε και με πανικό.

Στα δύο η ζωή μου χωρισμένη,
μου μοιάζει λεηλατημένη από τον ίδιο μου τον
εαυτό.

Σε ποιον να δώσω, τι, και τι μου μένει;
Χίλια κομμάτια νοιώθω μοιρασμένη.
Πόσο να ζήσω στης μοιρασιάς τον άχαρο ρυθμό;

Απ' την ψυχή μου τι να ανασύρω;
Να θυμηθώ τι;
Πού να γείρω και την ψυχή να ηρεμήσω από
τον άγριο καλπασμό;

Πώς τρύπωσε μέσα μου τούτη η ψεύτικη αλήθεια;
Πώς ξεριζώνεται η καρδιά μου μέσα από τα στήθια;
Πώς καταφέρνω να συνεχίζω ακόμα απορώ;

Που μ' οδηγεί τούτη η λεηλασία;
Στον ουρανό τα χέρια μου σηκώνονται ψηλά
σε ικεσία,
να λυτρωθώ και την πραγματική αλήθεια μου
να βρω.
Να πάψω πια να είμαι μοιρασμένη,
σα μια χώρα διχοτομημένη,

να μπω στης ένωσης τον κύκλο και με την καμπύλη του ένα να γενώ.

4 Νοεμβρίου, 2009

Απογείωση

Για ανάταση ψυχής το είναι μου κραυγάζει,.
Η λάμψη του ουρανού να μπαίνει στο κορμί,
ψηλά σα να πετά ν' ανοίγεται η καρδιά μου,
τα σύνορα να σπάνε με φόρα και ορμή.

Σα πυροτέχνημα φωτεινό τα αμέτρητα θρύ-
ψαλά μου
που ενώνονται ξανά σαν πέφτουν στο κενό,
φέρνοντας μνήμες κι ενδυνάμωση από ένα σύ-
μπαν γιορτινό.

Αυτό νοιώθω πως θέλω βαθιά στα σωθικά μου.
Μα πώς; Το ψάχνω συνέχεια και το αναζητώ.
Να εκτοξευτώ, με το φως ένα να γίνω,
μα να' ρθω πίσω συνειδητά και πιο σοφή,
Από το χέρι τρυφερά να με κρατήσω
και στον ατέλειωτο δρόμο να με βοηθώ.
Να με σηκώνω κάθε που σκοντάφτω,
να μ' αγκαλιάζω και μ' αγάπη να μου μιλώ,
να με φροντίζω και στα δύσκολα να μη διστάζω,
να' μαι εγώ για μένα το αστέρι μου το φωτεινό.

Άγγελοι λυτρωτές της σκοτεινιάς το πέπλο
πάρτε από τα γήινα τα μάτια μου μπροστά,
Και της ψυχής τα μάτια βοηθείστε να κοιτάνε
πιο πέρα απ' των αισθήσεων την μοναξιά.

Μπορώ, το ξέρω, της ψυχής τη δύναμη ν' ανακαλέσω,
με σας στο πλάι, στο κατόπι μου σα συνοδό,
με το Θεό σαν ιχνηλάτη μου και οδηγό.

15 Νοεμβρίου, 2009

Μάχες

Πώς να ειπωθούν με λόγια μη ειπωμένα;
Πώς να κινηθούν αισθήματα γνωστά;
Πώς να μπορούν απ' το μηδέν ν' αρχίσουν πάλι,
σαν καταρράκτες της ψυχής να ξεχυθούν;

Γνώριμα, παλιά και τόσο ψυχοφθόρα,
λόγια που στο μυαλό μ' αντίλαλο αντηχούν.
Χειρονομίες, εκφράσεις και νεύρα τεντωμένα
το σκηνικό συνθέτουν που όμως τόσο μ' απωθούν.

Θέλω να ξεφύγω, να παλέψω, ν' αντιδράσω,
όμως παγώνω και βαθιά με ακινητοποιώ.
Σε μια γλυκιά αφήνομαι αναισθησία,
με παραλύει κ νομίζω θα χαθώ.

Θα χαθώ στον κόσμο της ανείπωτης ευτυχίας,
εκεί που λόγια δεν είναι απαραίτητο να ειπωθούν,
μόνο αισθήσεις και βαθιά επιθυμία
και τα άλλα είναι απλό να συντονιστούν.
Εκεί που ο χρόνος παύει να υπάρχει και το μυαλό παύει ν' αναμασά.
Εκεί που όλα του νου τα φώτα ξάφνου σβήνουν,
για να' βρουν χώρο της καρδιάς τα λόγια να εκφραστούν.

Εκεί παλεύω λυσσαλέα να με φέρω,
μα αντιστέκομαι με εγώ πιο δυνατό,
γιατί ο νους παλεύει για εξηγήσεις και για ένα
δίκαιο απόλυτο κι αποδεκτό.

15 Νοεμβρίου 2009

Αντιλαμβάνομαι πως αν δεν τα αφήσω όλα να συμφιλιωθούν μεταξύ τους, να καταλάβουν το χώρο που τους αναλογεί, μια μάχη θα γίνεται μέσα μου κι εγώ θα είμαι ο παρατηρητής.

Αντάρες

Αντάρα στην ψυχή και τρικυμία,
φουρτούνα και βαθύς αναβρασμός.
Ο άνεμος σε μια τρελή πορεία
αναμοχλεύει όσα βρεθήκαν μπρος του.

Μες της καρδιάς μου ψευδαισθησιακή γαλήνη.
Μες το μυαλό μου κυκεώνας, πανικός.
Να' βρω σε μια άκρη την αγγελική γαλήνη,
Προσεύχομαι να' βρω ξανά το φως.

Να βγω απ' το βυθό κ πάλι ν' ανασάνω.
Να δω στεριά κι ασφάλεια να αισθανθώ.
Να πάψω πια τα λυσσασμένα κύματα ν' αντέχω.
Να νοιώσω αγάπη, ζεστασιά και λυτρωμό.

Πολυτέλεια φαντάζει στο μυαλό μου η ηρεμία.
Απ' το λαβύρινθο του πόνου θέλω να σωθώ.
Να βρω την άκρη κι εμένα πια να ελευθερώσω
και στης ψυχής μου τα ουράνια βάθη, σε μιαν
ανάσα ν' αφεθώ.

22 Νοεμβρίου, 2009

Αυτό θέλω?

Μεγαλείο

Μες από βλέφαρα κλειστά το μεγαλείο αντικρίζω
που έρχεται και σιωπηλά εικόνες μου προβάλλει,
να δω, ν' αποδεχτώ την αόρατη μεγαλοσύνη,
τη φύση μπρος μου φέρνοντας να νοιώσω το
ένα μαζί της,
τις ευωδιές να αισθανθώ, να νοιώσω την
καρδιά μου
που ξεχειλίζει και αυτή από ευωδιές δικές της,
αρκεί να την ανοίξω εγώ, αρκεί να την αφήσω
κι εγώ μαζί της να αφεθώ.

Παιχνίδια παίζονται πολλά αισθήσεων και λογικής,
σωστού ίσως και λάθους,
σε δίλημμα ανιχνεύοντας το άσπρο και το μαύρο,
να γαληνέψει και το νου που νοιώθει προδομένος
απ' των αισθήσεων το φως, της λογικής την
απουσία,
μη θέλοντας ακόμα να πειστεί πως με το Ένα
του εαυτού του αντιπαλεύει.

Ένα η καρδιά κι η λογική, σαν με την αγάπη
ανταμώσουν.
Ένα οι σκέψεις κι οι αισθήσεις όταν στα μάτια
κοιταχτούν.
Μόνο το σκοτάδι στέκεται ικανό να τις χωρίσει,
μόνο το σκοτάδι είναι αυτό για να παραμερίσει
της ένωσης το θείο φως το απίστευτο μεγαλείο
και τις αισθήσεις ανύπαρκτες τις κάνει να φανούν.

Όταν στο φως το άπλετο μέσα του αφεθείς,
όταν με το χρυσάφι του θελήσεις να ενωθείς,
ξέρεις πως εδώ που είσαι έφτασες
και τα άρματά σου μονομιάς θέλεις απ' το ταξίδι σου το μακρινό πια να ξεφορτωθείς,
την πανοπλία, την ασπίδα στα πόδια σου
μπροστά ν' αφήσεις
και πέφτοντας στα γόνατα με την ψυχή σου
να προσευχηθείς.

29 Νοεμβρίου 2009

Χίλιοι ορίζοντες

Στο σκηνικό των χίλιων οριζόντων,
διλήμματα και «αν» πυροβολούν με δύναμη το
νου μου τον εγκλωβισμένο,
τον αποτρέπουν, δεν τον αφήνουν, με μανία
τον κρατούν.

Οι σκέψεις σα φαντάσματα πετάνε τριγύρω
του, διαρκώς και σταθερά,
κομίζοντας εμπρός τους φόβους και τα πάθη,
απ' όλες τις τροχιές του πουθενά.

Φοβίζουν, φοβερίζουν, υποτάσσουν, το ανή-
μπορο τούτο μυαλό,
κι από τη χώρα των αδίστακτων γιγάντων,
διασπείρουν φόβο κι ανήλεο πανικό.

Σε μια γωνία μένει φυλακισμένος.
Θέλει, μα πώς τάχα να κινηθεί;
Αιώνων τις αλυσίδες του να σπάσει,
να ελευθερώσει και να ελευθερωθεί.

Σαν άφοβο πουλί φτερά ν' ανοίξει
ξανά ατρόμητο στους ανοιχτούς ορίζοντες να
περιπλανηθεί,
με δύναμη τα όρια τα δικά του πια να σπάσει
και σε τρελή πορεία ν' αφεθεί.

29 Δεκεμβρίου, 2009

Η ειρήνη μέσα μου, με μένα...

Στοιχεία της φύσης

Είν' η βροχή ο λυτρωμός;
Είναι η χαρά ο ήλιος;
Είναι το ουράνιο τόξο στην ψυχή που ξαναδίνει
το σφυγμό;
Τα χρώματά του άπλωσε κι εμένα με φωτίζει,
μέσα κι έξω, δίνοντας βαθιά ανάσα στον παλμό.

Όλα της φύσης μέσα μου,
βροχές και καταιγίδες,
και ήλιοι και αστροφεγγιές
και θάλασσες γαλήνιες μα και με τρικυμίες.
Ποτάμια, λίμνες, χείμαρροι, ξεπλένουν τη ζωή μου,
προσφέροντας στο είναι μου φτερά για να πετάξει
και με το ουράνιο Θείο φως να' ρθει ν' ανταμωθεί.

10 Ιανουαρίου, 2010

Νιώθω να ασφυκτιώ.

Νόμος καρδιάς

Σα βροχή μεσ' απ' τις φυλλωσιές που πέφτει,
σαν καταιγίδα που με δύναμη τη γη χτυπά,
σαν κεραυνός που στοπ στο χρόνο βάζει,
-όλα χρειάζεται ν' αναθεωρηθούν-,
να ξεπλυθούν από την ένταση κι από τις τόσες αγωνίες,
να ελαφρύνουν και να εξαϋλωθούν,
σαν ποτέ στη σκέψη μας να μη γεννιούνται,
σαν ποτέ χώρος γι' αυτά να μην υπήρξε να εκδηλωθούν.

Όλα στο νου κ στην καρδιά μας.
Όλα στα επόμενά μας μονοπάτια πιστά μας οδηγούν,
σα τα λυχνάρια σκοτεινά μας βήματα να φωτίζουν
και τα εμπόδια να δείχνουν και να σηματοδοτούν.

Ότι επιλέγουμε, αυτό μόνο γεννιέται,
Ότι επιλέγουμε με την καρδιά και με το θέλω μας θα εκδηλωθούν.
Καμιά σκιά, καμιά αγωνία κι αυταπάτη,
παρά μόνο αν στο μυαλό μας χώρο βρουν να απλωθούν.

Ο νόμος βγαίνει μέσ' απ' την καρδιά μας,

που στης αγάπης τα δεσμά τα κάνει όλα να υποταχτούν,
τα γαληνεύει, τα ηρεμεί κ τα αγκαλιάζει,
και σαν άγρια άλογα τα εκπαιδεύει στα χαλινάρια του να θέλουν να δεθούν.

24 Ιανουαρίου, 2010

Σκοπός

Σε ποιες θάλασσες βυθίζεται η ψυχή μου,
σε ποια βάθη αφήνεται ελεύθερη, ένα με όλα
να γενεί;

Σε ποια βουνά φωνάζει η καρδιά μου,
κάνοντας τον αντίλαλο παντού να ακουστεί;

Σε ποια λιβάδια απλώνεται κι αγαλλιάζει;
Σε ποια ουράνια με δύναμη πετά;
Τους ουρανούς σ' έν' άνοιγμα λαχταρά να αγκαλιάζει,
στα σύννεφα να μπαίνει, να διαλύεται κ να ανασυντίθεται ξανά από την αρχή.

Σε ποιες ενώσεις κομμάτια αλήθειες βγάζει;
Σε ποιους πόλους κινείται πριν να διασταλεί,
να γίνει ένα, χρυσό φως ν' απλώσει,
να λάμψει, ν' αρχινίσει τα πάντα ν' αγαπά,
να φτάσει στο μηδέν κι από εκεί για νέα πορεία να
κινήσει
και στο άπειρο να εκτιναχθεί
Μεσ' από τούνελ φωτεινά να ξεδιπλώσει όλη τη
μέχρι τώρα του ζωή,
και σ' αγκαλιές ζεστές, χρυσές να μπει και να
φωλιάσει
τον αρχικό σκοπό ξανά να θυμηθεί.

24 Ιανουαρίου, 2010

Πώς χωράνε τόσοι πολλοί εαυτοί;

Τροχιές

Με τροχιά μοιάζει γαλαξία πιστά στο σύμπαν
να ακολουθεί.
Σαν ένα αστέρι μακρινό από τη γη,
μα τόσο κοντινό μες την ψυχή.

Όλα με όλα μοιάζουν να' ναι ένα.
Όλα με όλα μπορούν να ενωθούν
κι από το όλο να εκτιναχθούν,
σε κομμάτια άπειρα να χωριστούν
και μες τη γήινη ζωή να εκπαιδευτούν.

Να ζήσουν μες την ύλη, να πονέσουν, να δακρύσουν,
απ' τη διττότητα να καταφέρουν ν' αποδεσμευτούν,
να θυμηθούν όσα έχουν τώρα πια ξεχάσει
και τροχιά νέα να χαράξουν για να πορευτούν.

Να νοιώσουν, να θελήσουν, ένα να γίνουν μ'
όλου του σύμπαντος την πλάση
και στης εστίας την πηγή, πιο έμπειροι και φωτεινοί να αφομοιωθούν.

24 Ιανουαρίου, 2010

Πώς γίνεται να είμαι τόσα πολλά κομμάτια κι όμως ένα σύνολο;

Αιώνια γνώση

Του ήλιου ηλιαχτίδες, μικρά αραχνούφαντα
στολίδια,
των λουλουδιών τα χρώματα, ουράνιο τόξο
στον απέραντο ουρανό,
δίνουν ζωή, φωτίζουν τα όνειρά μας,
δίνουν πνοή και αρμονία στην ψυχή.

Μεσ' απ'της γης τις ρίζες στην επιφάνεια κομί-
ζουν μυστικά,
αιώνια και στον χρόνο βαθιά φυλαγμένα,
σ' έναν κρυστάλλινο ανεκτίμητο θησαυρό.

Κρύσταλλο που στην καρδιά του γνώση έχει,
μα που διαλέγει ποιον θα εμπιστευτεί,
σε ποιου τα χέρια τούτη η γνώση δεν θα σπάσει,
μα ευθύς στο σύμπαν θα διαδοθεί.

Σαν ξεχυθεί όλη τούτη η γνώση,
ένα προς ένα τα ανθρώπινα κεριά θα φωτιστούν
κι η φλόγα τους την κοσμική αλυσίδα όλη θ' ανάψει
και σε συχνότητες, άλλες δονήσεις θα εκφραστούν.

Γέφυρες σε άλλους γαλαξίες θα πετάξουν,
το απέραντο του σύμπαντος μέσα στη γνώση
θα κλειστεί,
φωτόνια θα ξεκινήσουν μιαν αέναη πορεία,
της ψυχής τους σκοτεινούς διαδρόμους για να
διευρύνουν
κι από τα μυστικά όλη η Αλήθεια να φανεί.

14 Μαρτίου 2010

Κι έρχεται η γαλήνη, γιατί μαθαίνω να αποδέχομαι.

Δύναμη

Μπορώ τα πάντα να μπορέσω,
στον άνεμο να μπω κ να στροβιλιστώ
στην καταιγίδα με τα σύννεφα να παίξω,
στον ουρανό ν' ανέβω και να ενωθώ,
με δύναμη ξανά στη γη να πέσω κ με τις ρίζες
μου να συνδεθώ.

Ξέρω, μπορώ μ' όλα ένα να γίνω,
το φως μου να γειώσω και να φωτιστώ,
αν καταφέρω με την Πηγή μου ενωθώ.

Τη δύναμη σε τούτο το κορμί που κουβαλάω
να διαχύσω,
ρεύμα να γίνει ηλεκτρικό,
να ζωντανέψουνε μ' αυτό οι ψυχές των άψυ-
χων σωμάτων,
στην παραζάλη αυτού του σύμπαντος να εκτι-
ναχθούν,
για να φωτίσουνε με τη σειρά τους πάλι, σύ-
μπαντα παράλληλα,
και με την ενέργεια τούτης της ζωής να κινηθούν.

22 Μαρτίου 2010

Μαθαίνω να αφήνομαι στη μεταμόρφωσή μου.

Ρόλοι

Πίσω απ' τον καθρέφτη σου αν δεις, πολλά θ'
ανακαλύψεις.
Διάσπαρτα μέρη σου πολλά που χρόνια έκλει-
νες σφιχτά, απίστευτα ερμητικά,
σα μαριονέττες ξεπηδούν όλου του θίασου οι
ρόλοι.

Ένας προς έναν κάνοντας υπόκλιση εμπρός σου,
Ο άτολμος, ο άφοβος, το θύμα και ο θύτης,
το ρόλο πάντα παίρνοντας, πριν βγει ο ένας,
του άλλου,
από σένα ικετεύοντας στιγμές ευγνωμοσύνης,
που μέχρι εδώ σε έσυραν στα χρόνια δεσμά τους.

Αντίκρισε, πλησίασε τους ρόλους έναν-έναν,
ζητώντας τους, γυρεύοντας μια τίμια απάντηση,
πώς να εμποδίσουν θέλουνε την θεϊκή σου
φύση,
με τα κλειδιά φιμώνοντας την ουράνια ομιλία,
τα αυτιά σου κλείνοντας σφιχτά όπως και την
καρδιά σου.

Φόβους γεμίζοντας πολλούς όλο το σκηνικό σου
μην αποδράσεις και μετά μείνουν χωρίς ουσία,
σαν φάντασμα να τριγυρνούν δίχως τροφή καμία,
μη τύχει κι έτσι ξαφνικά εσύ ανακαλύψεις
την αυταπάτη που μ' αυτή χάραζες την πορεία

Μα τώρα βλέποντας μπροστά όλη την αγωνία,
νοιώθεις οι ρόλοι πια αυτοί εσένα δεν ορίζουν.

Σκύβεις γλυκά κ τρυφερά κι «ευχαριστώ» ψελλίζεις
που σ' έφεραν μέχρις εδώ, μα όχι παραπέρα,
γιατί συντρόφους καρτεράς κι όχι εχθρούς
στημένους,
στο τώρα σου και στο μετά που άλλο ήδη δείχνει.

31 Μαρτίου 2010

Ανάσα

Φύσηξα ανάσα απ' την ψυχή μου στην καρδιά σου,
Θείο Κανάλι για να ελευθερωθεί και ν' αντικρί-
σεις των αγγέλων τη μορφή.

Μαζί τους να πιαστείς από το χέρι
κι απ' το σκοτάδι σου να τραβηχτείς,
ξανά του ήλιου ν' αντικρίσεις τη χρυσή του λάμψη
και στον Εαυτό σου να γυρίσεις και με βαθειά
ευλάβεια να ξαναθυμηθείς.

Πύλες ν' ανοίξεις, να φωτίσεις τους σκοτεινούς
διαδρόμους σου που μ' απορία κοιτάς
να ξεκλειδώσεις και με ισχύ να ελευθερώσεις
όσα σου φαίνονταν πως ήταν μυστικά.

Γνώση βαθιά στα κύτταρα κατέχεις,
μόνο που ακόμα αμφισβητείς
και του μεγαλείου σου τη χάρη
ακόμα δεν μπορείς ν' αποδεχτείς.

Να νοιώσεις πως με το Θεό γίνεσαι ένα,
όταν και όσο επιλέξεις ν' αφεθείς,
πως τίποτ' άγνωστο για σένα δεν υπάρχει,
αν με τα μάτια της ψυχής σου επιλέξεις να
μπορείς να δεις.

1 Απριλίου 2010

Μαθαίνω να αφήνω την πραγματική φύση να μιλήσει μέσα από μένα.

Αμφιβολίες

Ποια της ψυχής μου η διαδρομή;
Πώς ξέρω πού βαδίζω;
Πώς βήματα κάνω δειλά χωρίς να με ορίζω;

Όλα ομίχλη γύρω μου, σαν πια να μην γνωρίζω,
και θυμωμένη μάχομαι τα σύνορα ν' ανοίξω,
απ' το σημείο του μηδέν κάπου να προχωρήσω.

Ποιες πορείες, ποια στενά τώρα ν' ανακαλύψω;
Τι με ωθεί; Τι με τραβά; Καμιά δεν έχω εικόνα.
Όλα τριγύρω μου θολά, τυφλά έχω τα μάτια,
μα οι αντιστάσεις μου γερές, μου πνίγουν τις αισθήσεις.

Απ' την αρχή θέλω να δω, ν' ακούσω και να νοιώσω,
μα τα βαρίδια του νου διαρκώς με σέρνουν πίσω.

Βοήθεια άγγελοι ζητώ, μαζί σας να πετάξω,
απ' των δεσμών μου τα λουριά ελεύθερη να νοιώσω,
να ξαναδώ λίγο το φως, μ' αυτό να δυναμώσω,
να καταφέρω το Θεό μέσα μου ν' ανταμώσω,
με την ενέργεια αυτή στο τώρα να επιστρέψω
για να μπορέσω πιο πιστά το δρόμο να χαράξω.

4 Απριλίου 2010

Γίνομαι το δοχείο, που χωράει κι αν δε χωράει, διευρύνεται για να χωρέσει.

Μίσος

Μίσος, θυμός και πόνος καίνε τα σωθικά μου,
απογοήτευση, απορία και πάλι ο θυμός.
Εκδίκηση ξεπηδάει ορμητικά από την ματιά μου
και συνεχίζεται ανήμερος ο κύκλος αυτός.

Πώς συναισθήματα πικρά κι ανταριασμένα
απ' τη ψυχή ξεχύνονται σε λόγια θυμωμένα;
Να τα ημερέψω προσπαθώ, παλεύω απελπισμένα
μα τα θεριεύω και σαν αγρίμια ατίθασα και
μανιασμένα
μέσα μου τα κουβαλώ, σε κάθε χτύπο της καρδιάς
μου δυνατό.

Δάκρυα απ' τα μάτια μου κυλούν και με ξεπλένουν
απ' την μαυρίλα και το τέρας που ασφυκτικά
με σφίγγει
και απορώ πώς μια στιγμή στην άλλη πια δεν
μοιάζει
και σαν τυφώνας τα πάντα γύρω του αλλάζει.

8 Απριλίου 2010

Το εκμαγείο για να δημιουργηθεί το καινούργιο, μέσα από τις παλιές υπάρξεις.

Γιατί

Μια λέξη πώς κατάφερε στα στήθια μου να καρφωθεί
και λαβωμένη η καρδιά παλεύει να σωθεί.

Ένα «γιατί» με παραλύει
κι αργά σαν δηλητήριο τις σκέψεις μου διαλύει.

Το δηλητήριο πως εσύ δεν θέλεις να παλέψεις
κι απ' της αράχνης τον ιστό δεν θες να δραπετεύσεις,
μ' αφήνεσαι ανήμπορος χωρίς να δώσεις μάχη,
γιατί πολέμους έκανες πολλούς
και τώρα κουρασμένος αποζητάς ανάπαυση,
νοιώθεις κρυφά ηττημένος,
που δεν κατάφερες εδώ τα στήθη να προτάξεις
μα ζάρωσες σε μια στιγμή κι αφέθηκες να πάθεις,
χρόνο ζητώντας πιότερο τα σύνορα ν' αλλάξεις ,
χώρο ζητώντας ν' απλωθείς και τα φτερά ν' ανοίξεις
που τόσα χρόνια ασφυκτιάς, παλεύοντας με τύψεις.

12 Απριλίου 2010

Κανένας πόλεμος τώρα.

Το τώρα κ το πριν

Το τώρα κ το πριν.
Το τότε με την ελαφρότητα της τωρινής ματιάς, της ανεμελιάς κ των επιλεκτικά άλυτων θεμάτων. Του γοητευτικά επικίνδυνου κρυφτού. Της απίστευτης αγωνίας που πίσω απ' τη συνωμοσία κρύβεται.
Η ανεμελιά κ το δεδομένο του αύριο, των πολλών αύριο που θ' ακολουθήσουν.
Η αναβολή για τις στιγμές του μετά.
Η υπεροψία του δεδομένου.
Η ανησυχία για τις περισσότερες στιγμές, γιατί το λίγο δεν ήταν ποτέ αρκετό.
Η αγωνιώδης ανίχνευση των αισθημάτων.
Η ανημποριά του έρωτα.
Η πολυτέλεια της ζήλιας.
Το γλυκό λίγωμα της ανάμνησης.
Ο εγωκεντρισμός κλεισμένος στις μέρες της σιωπής, της εκούσιας απομόνωσης.
Η απόλυτη βεβαιότητα του αύριο.

Κ μετά η ανατροπή.

Στο τώρα όλα αποκτούν άλλο ειδικό βάρος, όλα αποκτούν νέο νόημα.
Τα πάντα ερμηνεύονται από την αρχή.
Το τώρα μεταφράζεται στην απόλυτη στιγμή.
Το μετά ίσως κ να μην υπάρχει.

Η αξία της λέξης διαφορετική, οι λέξεις προσεκτικά πια διαλεγμένες.
Ο χρόνος, κάθε λεπτό ξεκινά από το μηδέν.
Οι σιωπές είναι αυτές που μιλούν ουσιαστικά.
Πιο κοντά από ποτέ στην ουσία.
Κάποιες στιγμές το πριν δεν υπήρξε παρά μόνο στη φαντασία.
Οι σκέψεις δεν φτάνουν στο μετά, μένουν παγωμένες στο τώρα.
Η αξία της συνειδητότητας ανυπολόγιστη.
Τα συναισθήματα κάποιες στιγμές υποχωρούν κάτω από το βάρος της σημαντικότητας των βασικών προτεραιοτήτων. Κάποιες άλλες είναι η μόνη σανίδα επιβίωσης στον ωκεανό της καθημερινότητας.
Τίποτα δεν είναι ίδιο σε δύο διαφορετικές στιγμές.
Η αβεβαιότητα είναι το μόνο βέβαιο.

Στο τώρα, το πριν σα να μην υπήρξε ποτέ, όλα παίζονται στο εδώ από την αρχή.
Το πριν υπάρχει για να θυμίζει επώδυνα τις αξίες που τότε περάσανε απαρατήρητες, για να δηλώσει την ανεκτίμητη ευκολία που τώρα φαντάζει μακρινή.

13 Μαΐου 2010

Ανατροπή

Σε μια στιγμή η ανατροπή, κι όλα άλλαξαν ρότα,
μπήκαν όλα σ' άλλη τροχιά κ ήρθε η τρικυμία.
Όλα γύρω μετέωρα, όλα είναι στον αέρα.
Χαθήκανε οι σταθερές, δεν υπάρχουν δεδομένα.
Πού να πατήσεις, να σταθείς κι αυτό να μείνει όρθιο;

Ποιόν τώρα να εμπιστευτείς, με άλλα μάτια
πια να δεις,
άλλα να εκτιμήσεις και στην καινούργια σου
αρχή άλλο κόσμο να κτίσεις;

Όλα όσα δείχτηκαν σαθρά, με τόλμη και κουράγιο πίσω σου πια ν' αφήσεις
κι εκείνα, τα αληθινά που ήταν βαθιά κρυμμένα,
στην επιφάνεια να βγουν,
μαγιά καινούργια να γεννούν
και σαν θεμέλια γερά τη βάση να ενισχύσουν
και νέο κόσμο αληθινό για σε να οικοδομήσουν.

15 Μαΐου, 2010

Τώρα είναι η ώρα της μετουσίωσης, της μεταμόρφωσης.

Απουσίες

Έντονη τώρα κι αιχμηρή φαντάζει η απουσία,
κινείται αντίθετα στης ψυχής το αλάφρωμα,
αυτό που πίστευα πως θα μ' απογειώσει,
διώχνοντας από μέσα μου το θλιβερό ανάθεμα.

Ψευδαίσθηση είναι όλο αυτό, μαζί με όλα τα άλλα.
Ψευδαίσθηση πως δίχως σου μπορώ ισάξια να
πορευτώ,
πως μόνη μου τώρα μπορώ πολλά να κατακτήσω.

Μα νοιώθω τόση δα μικρή, πολύ συρρικνωμένη,
χωρίς ανάταση καμιά, χωρίς το Φως το ουράνιο,
το χρυσό
τα τρίσβαθα, τα σκοτεινά του νου μου να φωτίσει.

Μένουν ακόμα άρρηκτα δεμένα με του Εμείς
το μαγικό κλειδί,
που στο πεδίο αυτό μόνο με Αγάπη μπαίνεις.
Μα η αγάπη φάνηκε μισή κι όχι όπως ήταν δυνατή

19 Μαΐου, 2010

Αποστασιοποιούμαι και παρατηρώ κι ανακαλύπτω την προσωρινότητα όλων των στοιχείων μέσα μου.

Κουβάρια του μυαλού

Φωτιές κ σκέψεις ξεπηδούν απ' το μυαλό μου,
μ' ορμή ξεχύνονται, το δρόμο προς την έξοδο
να βρουν.
Πού χάθηκε, πού πήγε άραγε το λογικό μου
και στα λιβάδια της παράνοιας καλπάζουν και
ορμούν;

Οι εγγυήσεις όλες είναι ξεγραμμένες.
Τα σίγουρα φαντάζουν μακρινά.
Και τα φαντάσματα που κάποτε μέναν καλά
κρυμμένα,
από τις χαραμάδες καταφέρνουν στο συνειδητό
ν' αναδυθούν.

Φόβοι, ανασφάλειες κι αγωνίες,
όλα εκεί γιγαντωμένα, μου ορμούν.
Πληγές σ' όλο το είναι καταφέρνουν
και την ψυχή μου αδίστακτα λεηλατούν.

Ποια σταθερά και ποιο σημείο ισορροπίας;
Όλα μου μοιάζουνε σαν παραμύθι αλλοτινό.

Πού είναι το νήμα του λαβύρινθου να το πιάσω
και το κουβάρι της ψυχής μου στα χέρια να
κρατήσω
και τον ιστό της απ' την αρχή ν' αρχίσω να κεντώ.

Κυριακή 4 Ιουλίου, 2010

Βρίσκονται για όσο εξυπηρετούν μια αποστολή.

Μηνύματα

Αγγελικά μηνύματα από παντού γυρεύω.
Καθοδήγηση, κατευθύνσεις, νέες πορείες να
μου δοθούν.
Μ' ελπίδα, με λαχτάρα τα προσμένω,
ν' ανοίξω τα μάτια, την καρδιά μου
και λύσεις σ' όλα να δοθούν.

Πιστεύω, αμφιβάλλω, μα και πάλι ελπίζω,
να 'ρθει η στιγμή που όλα ξεκάθαρα μπροστά
μου θ' αποκαλυφθούν.
Θα δω, θα νοιώσω, θα ακούσω,
Όσα παλιότερα μπορούσα να αισθανθώ.

Σαν ένα χέρι να με τράβηξε μακριά τους
κι ακόμα με τραβάει για να ξεχαστώ.
Να πάψω να πιστεύω στη βοήθειά τους
κι απ' του χεριού το μαύρο βράχο να πέσω κ
να γκρεμιστώ.
Να μην πιστεύω πια και μόνο να φοβάμαι.
Να μην ελπίζω και μόνο να ρωτώ,
αν πράγματι υπάρχει αυτό το Κάτι
που ψάχνω από την αρχή να εμπιστευτώ.

Τετάρτη 7 Ιουλίου 2010

Μετά, διαλύονται και παύουν να υπάρχουν.

Νοιώθω

Λέξεις χαρακιές και μάτωμα βαθύ.
Επαναληπτικά ηχούν βαθιά μες τη ψυχή.
Άλλοτε μακριά κι άλλοτε βαθιά μες την καρδιά.

Πυροβολισμός εξ επαφής.
Τα μάτια σ' έντονη διαστολή
«σε μένα αυτό συμβαίνει»;

Κι όλα γυρνούν με του φωτός τη γρηγοράδα,
σαν έργο να προβάλλεται, δείχνοντας και το τέλος,
όσο πριν μόνο σκηνές περνούσαν.

Χαμόγελο πικρό χαράζεται στα χείλη,
τα μάτια κλείνουνε αργά,
γοργοί οι χτύποι της καρδιάς,
επίγνωση φέρνουν στο τώρα.

Όλα ήταν γνωστά, όλα έτσι ήταν να γίνουν,
μόνο που ήταν σ' έν' άγνωστο και μακρινό
από τούτο χρόνο
και τώρα ήρθαν εδώ, στο τώρα και συμβαίνουν.

Ο πόνος πια γίνεται αισθητός, τα πάντα παραλύει,
και το αγνό συναίσθημα στο διάβα του λερώνει.

Σάββατο 7 Αυγούστου 2010

Μένει μόνο το κουκούλι τους.

Σχέδια ψυχής

Γραμμές χαράζω πάνω σε χαρτί λευκό,
ψάχνοντας την πορεία της ζωής μου μήπως βρω.
Αδειάζω του μυαλού μου τις γωνίες,
καθάριος μήπως απλωθεί ο νους
και πίσω από μικρού μήκους ταινίες
το νόημα το αρχικό ξεδιπλωθεί.
Σχήματα φτιάχνω, άραγε τι ψάχνοντας να βρω.
Πολλά, μικρά, το ένα μέσα στ' άλλο,
όπως μου μοιάζει στο βάθος η ψυχή μου τούτο
τον καιρό.

Ένα κουβάρι μ' όλ' αυτά μπλεγμένα.
Άκρη δεν βρίσκω σ' όσ' αναζητώ.
Άκρη που μόνη της θα μ' οδηγήσει στου λαβύ-
ρινθου μου την έξοδο.

Άραγε πώς όλα ένα γενήκαν;
Μαζί τα ασήμαντα και τα σημαντικά.
Και στο κουβάρι της ψυχής μπλεχτήκαν
να μου θυμίζουν όσα θέλω ν' αποφύγω
μα και την ίδια ώρα απ' αυτά να ελευθερωθώ.

Γύρω απ' τα ίδια το μυαλό γυρνάει,
με εμμονή επίμονη, τρομακτική.
Σ' ένα χορό τρελό οι σκέψεις μου γυρίζουν
κι εγώ αφήνομαι σε τούτο το ρυθμό.
Αδύναμη σ' όλο τούτο ν' αντιδράσω
Ανίκανη στα πόδια να σταθώ.

8 Απριλίου 2010

Ακολουθώ τη σοφία της δημιουργίας της πεταλούδας.

Αν

Αν το φως και η αγάπη σε φοβίζουν
και αν τα μάτια σου δεν βλέπουν καθαρά,
αν τα αυτιά σου με παράσιτα γεμίζουν
κι οι λέξεις βγαίνουνε ψιθυριστά...

Μη το φοβάσαι, μα μοναχά πες σ' εσένα:
«Σ' αγαπάω, σ' εμπιστεύομαι, μπορείς...»
Και τα μάγια σου μ' αυτό εσύ θα λύσεις
και τη δική σου δύναμη θα νοιώσεις πως νικά.

Μες το φωτεινό λεπτό σου πέπλο
κίνδυνο δεν έχεις για να προδοθείς.
Μόνο να το δεις και πάλι να πιστέψεις
πως μπορείς σ' Εσένα ν' αφεθείς.

4 Νοεμβρίου 2010

Αφήνω να γίνουν όλα στο δικό τους χρόνο, χωρίς πίεση, χωρίς αντίσταση, μόνο με αποδοχή.

Ψευδαισθήσεις

Μικρά κομμάτια πια οι σκέψεις μου κομματιασμένες
ψηλά στο θόλο του ουρανού ανυψωμένες,
μένω με δέος την ψυχή μου ν' αντικρίζω
μήπως κι αυτή μπορεί να μου εμπιστευτεί
τι έγινα, πού χάθηκα, που βρέθηκα να τριγυρνάω,
πως πια τι είμαι δεν έχω αντιληφθεί.

Ένα κενό τα πάντα μοιάζουν να 'ναι
κι εγώ μια θέση πια δεν βρίσκω για να μπω
να νοιώσω πως ΕΔΩ εγώ τώρα χωράω και ανήκω,
είν' το δικό μου το λαγούμι να χωθώ κ να τρυπώσω
και για λίγο να εξαφανιστώ.

Να πάρω δύναμη, να ενώσω τα κομμάτια,
να βρω από κάπου να πιαστώ,
μια σταθερά να δημιουργήσω για ν' αντέξω,
κάτι να πω πως μένει σταθερό.

Να διώξω πια την ανελέητη αυτή αγωνία
της αυταπάτης που καιρό τώρα έχω βυθιστεί
και μες του λήθαργου αυτού την παραζάλη
τίποτα δεν μοιάζει πια να με κινεί.

Σαν άγαλμα μένω κοκαλωμένη
στων ψευδαισθήσεων τη λήθη μένω και σιωπώ,
ένα φιλί ποθώντας αγγελικό να με ξυπνήσει
και μ' αγάπη να θυμίσει το θεϊκό κομμάτι μου
που 'χω ξεχάσει κι αγνοώ.

30 Μαρτίου 2010

www.ingramcontent.com/pod-product-compliance
Lightning Source LLC
Chambersburg PA
CBHW071120160426
43196CB00013B/2645